다정한 건 오래 머무르고

여름섬

책 머리에

스쳐 갔던 다정함을 책으로 만들기까지

몇 년 전 겨울 저는 인생에서 가장 큰 상실을 겪었고 그 힘듦을 어떻게 다뤄야 할지 몰랐습니다. 그때 니트컴퍼니를 처음 만났어요.

'니트컴퍼니'는 무업 청년들이 모여 비생산적인 시간을 함께하며, 있는 그대로의 모습을 서로 지지하고 공감해 주며 연결되는 커뮤니티입니다. 전 6기 종무식을 앞둔 마지막 오프라인 모임에 처음 나갔어요. 각자 소감을 말하는 순서에서 이 사람들과 다신 안 볼 것 같은 예감이 들었고 속 시원하게 속마음을 모두 털어놓았습니다.

처음 보는 사람들 앞에서 "한동안 방에서 술만 마셨어요. 여기 나오기까지 큰 용기가 필요했는데… 오늘 함께 춤추고 조금 웃어서 잠깐 행복했어요. 그래서 고마워요"라고 했습니다. 대표님이 울고 계셨어요. 충격이었어요. '태어나서 처음 본 사람의 말에 이렇게 울어준다고…? 어떤 사람들이지?'라는 생각이 들었어요.

제 친구들은 시간이 해결해 준다고만 했거든요. 다 지나간다고. 지나면 괜찮다고. 그땐 그 상투적인 위로가 폭력적으로 들렸어요.

내 시간은 흐르지 않는데. 고통스러운 시간 속에 고여있는데. 계속 괴로운데 대체 뭐가 괜찮다는 거야? 어떤 마음인지도 모르면서 왜 무책임한 말을 하는 거지? 친구들이랑 못 만나겠더라고요. 귀찮았어요.

그래서 매듭 모임에 신청했어요. 아무 설명 하지 않아도 될 것 같았어요. 다들 손재주가 좋아서 뚝딱뚝딱 만드는데 전 하나도 못 하겠더라고요. 그래서 집 가는 길에 다음엔 안 나와야겠다고 생각했어요. 그날 밤 하나도 완성하지 못했는데도 친구들이 날 닮은 파스텔 실을 골랐다고 실 조합을 잘한다고 칭찬을 해주는 거예요. 기분이 좋았어요. 이틀 밤을 새워서 매듭을 했어요. 한 번 더 좋은 말을 듣고 싶었어요. 한 번만 더 나와야지 한 번만 더 하다 보니 전시도 하고 책도 만들고 오늘 여기 있네요.

니트컴퍼니에서는 100일 동안 자신이 할 업무를 정해야 해요. 물 8잔 마시기, 고양이 예뻐하기, 샤워하기 그리고 산책하기 같은 업무를 하는 친구들도 있어요. 저는 100일 동안 100글자씩 쓰는 업무를 했어요.

쏟아부을 곳이 필요했거든요. 처음엔 100일 동안 100글자씩 쓰는 것 자체가 힘들어서 책을 만들 생각은 못 했어요. 근데 마지막 날이 다가오니까 불안해졌어요. '이거 끝나면 어떡하지? 니트컴퍼니 두 번이나 했는데… 이제 뭐 하지?'라는 생각이 스멀스멀 올라오더라고요. 우울해 보신 분들은 알 거예요. 몰려오는 게 느껴져요. 아직 다가오지도 않았는데, 벌써 힘들어요. 지겹고 넌덜머리가 났어요.

그 와중에 집으로 가는 지하상가에서 예쁜 양말을 봤어요. 전 양말을 즐겨 신지 않아요. 영하 40도인 곳에서 오래 살 때도 잘 안 신었어요. 근데 양말을 샀어요. 서른이 넘어서 제 돈 주고 처음 산 양말이었어요. 니트 친구들에게 첫 양말을 샀다고 했더니 딱 저 같은 양말을 샀다고, 양말 사는 재능이 있는 것 같다고 해주는 거예요. 첫 양말을 나눠줘서 고맙다는 말도 들었어요.

이렇게 마주한 다정한 마음들을 차곡차곡 모아뒀다가 또 찾아올 어둠 속에서 언제든 꺼내보면 좋겠다 싶었어요.

이 사람들 덕분에 내 일상이 꽤 근사해졌거든요. 알리고 싶었어요.

책을 통해 사람들에게 닿고 그 사람이 또 다른 사람에게 다정해졌으면 좋겠단 마음으로 냈어요. 바쁜 와중에도 내면에서 또 올라와요. 이제는 취미가 생겼어요. 제 책 제목을 검색해 봐요. 모르는 사람들이 글을 올려줘요. 선물 받기도 하고 여수에선 품절이라 아쉬웠는데 강릉 서점에 갔더니 한 권 남아 있어서 샀다고 행복하대요. 요즘은 이렇게 제가 위로받아요.

니트컴퍼니에 오고 나서부터 죽고 싶다고 생각하지 않아요. 우린 계속 회사에 다니지 않을 수도 있어요. 여전히 우울할 수도 있고요. 그렇지만 이 친구들과 계속해서 내일을 함께하고 싶어요. 우리 앞에 놓인 무수한 날들이 기대돼요. 매일 똑같은 얘기를 해도 매일 웃어요. 행복해요. 이 책을 읽는 당신도 행복했으면 좋겠어요.

저를 그리고 이 책을 발견해 주서서 고맙습니다. 이 말을 꼭 하고 싶었어요.

소운
@esowun

한 움큼의 다정함과
흩어지는 기억들을 글로 모아요

다정한 건 오래 머무고
10월 19일의 뉴욕
여름으로 지어진 곳
싱그러운 슬픔 안에서
나의 작은 은하

튤립
민트색
뉴욕
피스타치오 아몬드
sf9 상혁
손 편지
여름의 보리차
복숭아
대선소주
김치찌개

요조의 우리는 선처럼 가만히 누워를 즐겨 듣고, 마음이 시릴 때 드라마 연애시대의 은호와 동진이를 본다

가장 좋아하는 문장은 그래도 옆에 있어줘

짙은 옷린

모든 것의 시작
공백
백수라서
첫 양말
희수
만약의 굴레
약간 모자라지만 착한 친구
귀여움을 주고받는 사람들
마음이 자꾸 모여 꽃밭이 됐어
축사
엄마

희재

영원을 더하는 것
두려움과 그냥의 사이
느린 포도주스
접속
닿지 않아도 늘 좋아해
꽃잎이 내렸다가 별빛이 내렸다가
보낸 사람
깊은 바다를 사이에 두고도
오롯이
여전히 나는 어쩔 줄 모르고
고요하고 차가운
개자성
장수
꿈속을 유영하며
여름 햇살은 덥고
이름에게

어떤 마음들

기록하지 않으면 기억하지 못할까 봐
강산이 두 번이나 변했어요
당연하지만 당연하지 않아
비워내야 다시 채울 수 있으니까
몬타의 고양이
돗밭의 선물
미각성 비염 보유 중
우울을 마주하는 방법
모든 기분을 품고 살지 않아도 돼
솔직
그동안 감사했습니다
평온한 척하면 평온해진다
시간이 약이라는 말은 참 무례해
왜 내 슬픔을 섣부해야 해
'아름다워'에서 아픈은 '나'래
영속하다
자라나는 우울의 새싹
마주보기
왜 자꾸 이게 아무것도 아니래
눈부신 너
장안동의 여름
두둥실 너와 내 마음도
우연에 기대어
우리는 소중해

차 례

깊은 울림

모든 일정이 끝나고 나서야 내 활동은 시작됐다. 빈자리가 났다는 말과 함께 얼떨결에 시작된 매듭 모임. 다들 제법 해 본 솜씨여서 그런지 늘 내 매듭만 미완성인 채로 끝이 났다. 아무것도 만들지 못했는데도 사람들은 내가 고른 실 색이 예쁘다고 칭찬을 해줬다. 꼬박 이틀을 밤새우고 나서야 첫 매듭을 지을 수 있었다.

　이 작은 매듭 하나 지었다고 그동안의 눅눅한 날들이 끝나는 기분이었다. 우울한 마음이 나를 두드릴 때마다 실을 엮어 댔다. 매듭을 하는 동안만큼은 늘 시끄러웠던 마음이 잔잔해졌다.

　이 시간 덕분에 지난가을 그리고 지금의 겨울을 버텨내고 있다. 외면하려 했던 마음을 마주하고서 나는 이 책을 써냈다. 어둠 속에서 스스로 걸어 나오게 해준 매듭 친구들에게 이 책을 바친다.

　소란스러운 마음을 재워줘서 고마웠어요.

나는 현재 텅 비어 있어요. 공간은 뭐든지 채울 수 있다는데 사실 그 무언가를 찾을 수도, 찾고 싶지도 않아요. 글쎄요. 내 마음을 들여다보고 싶지도 않고, 왔던 길을 되돌아보고 싶지도 않아요. 이제 힘들거나 아프진 않아요. 그렇다고 이렇게 흘러가는 대로 남는 것 없이 사는 건 허무해요. 그래서 한 줄이라도 계속 써보려고 해요.

제일 친한 친구가 새해 인사 대신 아버지의 부고를 나에게 가장 먼저 알렸다. 우리는 지혜 아버지를 오래도록 미워했다. 나는 영정 사진 앞에서 속으로 하나도 슬프지 않아서 죄송하다고 했다. 대신 앞으로 어머니와 지혜는 내가 최선을 다해서 챙기겠다고 약속드렸다.

첫날부터 발인까지 계속 있었더니 가족들도 나한테 먼저 인사해 주셨다. 내가 떨어져서 걸으면 저기 가서 지혜 옆에 있으라고 내 손목을 끌어 주시기도 했다. 둘째 날엔 오자마자 "너 머리 감았니?"라고 했더니 지혜가 깔깔대며 웃었다.

발인 날엔 첫차를 타고 왔다고 했다가 등짝을 맞았다. 내가 있어야 네가 잠시라도 웃지 않냐고, 나는 백수라서 너한테 해줄 수 있는 거라곤 모든 시간에 네 옆에 있어 주는 것밖에 없다고 했더니 지혜가 울었다. 우리는 한참 동안 아무 말 없이 손을 꼭 잡고 지나가는 사람들을 바라보며 서 있었다.

작은 양말 가게에서 좋아하는 양말을 파는 꿈을 꾸는 친구가 있다. 양말이 하나도 없던 나에게 이 친구의 꿈은 순식간에 무채색이던 내 마음을 알록달록하게 물들였다.

 양말을 좋아한다고 말하고 다녔더니 사람들이 별날 아닌데도 양말을 사준다고 했다. 이런 귀여운 세상을 알게 돼서 좋았다. 그 소박한 꿈을 듣고 집으로 돌아가는 길에 나는 처음으로 내 돈 주고 양말을 샀다.

 서른이 넘어서 양말을 샀을 뿐인데 사람들이 나의 첫 양말을 축하해 줬다. 처음인데도 누가 봐도 내 양말 같은 걸 찾았다고, 재능이 있는 것 같다고 말해줬다. 처음을 나눠줘서 고맙다는 말도 들었다.

 아무것도 되고 싶지 않고 아무것도 하고 싶지 않은 겨울이었다. 이러고 있어도 되나 싶은데 이러고 있어도 된다고, 괜찮다고 얘기해 주는 이 사람들 덕분에 내 일상이 꽤 근사해졌다.

고등학교 1학년 때 아무 이유 없이 반에서 따돌림을 당했던 친구가 있었다. 희수라고 부르겠다. 아이들은 그게 잘못된 걸 알면서도 분위기에 휩쓸려서 그랬는지 나서지 않았다. 나 또한 그랬다. 남의 인생에 신경 쓸 마음의 여유 같은 건 없었으니까.

그러던 어느 날 학교 가는 길 앞에서 걸어가는 희수를 봤다. 그날 무슨 용기가 났던 건지 뛰어가서 말을 걸었다.

"너도 학교 걸어 다녀? 아 맞다, 나 너랑 같은 반이야."
"알아, 너 동방신기 좋아하잖아."
"어떻게 알았어? 너도 좋아해?"
"난 재중이 좋아해."

그렇게 한참을 떠들다가 학교 앞 골목에 다다랐을 때 희수가 나를 빤히 보더니 "여기서부터는 나랑 떨어져서 걸어. 너도 오해받으니까"라고 했다. 나는 아무렇지 않은 척 "그런 게 어딨어? 카시오페아는 하나잖아. 우리는 오빠들처럼 당당해져도 돼"라고 말하면서 희수의 손을 잡고 교문으로 걸어갔다.

그 이후 나와 친했던 무리에 희수를 데리고 왔고 우리는 꽤 친해졌다. 졸업 후 내가 유학을 가면서 많은 친구들과 연락이 끊겼고 그 애도 그랬다. 그렇게 드문드문 생각이 나던 친구였다.

그리고 12년이 지난 어느 3월 희수에게서 연락이 왔다.

잘 지내니? 나 희수야. 겨우 너를 찾아서 이렇게 연락해. 고등학생 때 친구라고 생각하는 사람 너뿐인데 오늘따라 갑자기 네 생각이 나더라. 지금 와서 갑자기 말하는 게 뜬금없지만 꼭 말해주고 싶어서. 네가 그때 나한테 걸어준 말 한마디 덕분에 17살을 버틸 수 있었어.

　너는 정말 좋은 사람이야. 사회에서 못된 사람들을 만났을 때마다 너를 생각했어. 너처럼 따뜻한 사람들도 많으니까 견딜만하다고…. 하는 일마다 잘 됐으면 좋겠어. 널 위해서 항상 기도할게. 정말 고마웠어.

　그날 밤 나는 어릴 때의 나를 만났다. 희수의 기억 속 나는 분명 따뜻한 사람이었을 텐데 지금은 누구보다 모난 사람으로 변한 내 모습에 괜히 미안해졌다. 오래도록 간직하고 기억해 줘서 고맙다고 잊지 않고 말해 줘서 지금의 내가 너에게 도움받는다고 답장을 보냈다.

　그렇게 우리는 서로의 기억에 힘을 얻어서 잘 살자고 약속하는 어른이 되어 다시 만났다.

어느 가게의 유리창 너머로 보이는 곰 인형을 보고 문득 지혜는 어떻게 사는지 궁금해졌다. 별명이 테디베어였던 친구. 고등학교 내내 제일 친했었는데. 기억은 잘 안 나는데 생물책 하나 때문에 크게 싸우고 연락이 끊겼던 것 같다. 지금 생각해 보면 되게 사소한 거였는데 그땐 왜 그렇게까지 했었지?

지나가 버린 인연에 대해 생각할 때면 마음속에 먼지가 꽉 찬 느낌이 든다. 내가 그렇게 하지 않았더라면, 이렇게 했었더라면 같은 생각이 꼬리에 꼬리를 물고 후회를 남긴다. 깨달음은 언제나 늦고 후회는 부질없다.

우리는 웃는 구석도, 우연히 키우고 있었던 강아지도, 나누는 기억도 그리고 마음의 모양도 닮았다. 우리는 가장 순수했던 시절부터 걷잡을 수 없는 소용돌이에서 허우적거리고 있을 때까지 늘 함께였다.

  앞으로도 네 옆에 맴돌면서 너의 시답잖은 말에 웃을 수 있기를. 네가 그리고 내가 함께 행복하기를 바라며.

아침마다 고양이 사진을 잔뜩 보내주는 대화방이 있다. 매일 귀여운 것들을 하나둘씩 모아서 보내주고 싶은 영희의 예쁜 마음에서 시작된 곳. 나는 이 방을 떠날 수가 없다. 온 세상의 순수함은 여기에 다 담겨있는 듯해서. 함께 있으면 나도 맑아져서. 이 사람들이 거친 사회에 마음 상하지 않고 행복했으면 좋겠다.

꽃을 좋아한다고 했을 뿐인데 사람들이 일상에서 꽃을 마주할 때마다 사진을 찍어서 내게 보내준다. 나는 이게 얼마나 수고로운 일이고 고마운 것인지 안다. 그 사람들의 시간에 내가 들어갈 수 있어서 좋다.

예쁜 마음들을 한 송이 한 송이씩 모으다 보니 내 마음에 어느새 시들지 않는 꽃밭이 생겼다. 변하지 않는다는 거, 생각보다 가까이에 있었다.

우리 열네 살에 만나서 벌써 서른셋이 되었구나. 너와 인생의 절반을 함께 했어. 화려한 조명 사이로 네가 들어오는데 자꾸 울컥하더라. 행복해하는 너도, 어머니도 그리고 그 속에 형부도 찬란하게 빛난다.

　너와 나는 아주 가끔 얼굴을 마주해서 시시콜콜한 서로의 일상은 잘 모르지만, 그런 게 뭐가 중요한가 싶어. 우리는 늘 같은 자리에 있으니까.

　24살 때 사소한 싸움 하나로 나는 미국에 너는 한국에 있는 채로 연락이 끊겼었잖아. 그렇게 문득 네가 생각이 나다가 어느새 너를 잊고 살 때쯤 1시간 거리의 어느 가게에서 문을 열고 나오는 너를 우연히 마주쳤어.

　세상의 시간이 멈춘 듯했어. 그때 내 앞에 다시 나타나 줘서 정말 고마웠고 지금도 이 자리에 서 있을 수 있게 해줘서 고마워.

내가 너를 마주쳤을 때의 그 마음은 형부가 느꼈던 마음과 같을 거라고 생각해. 평생을 함께할 너를 만나서 말이야.

오늘처럼 너와 형부의 앞날은 늘 찬란하길 바란다. 혹시라도 살다가 언젠가 마음이 시릴 때 꼭 나를 찾아와 줘. 그 어떤 일이 있더라도 모두 제치고 너에게 갈게.

다시 한번 너의 영롱한 결혼을 온 마음 다해 축하해.

나한테 엄마는 늘 하얀 천사였는데. 하얀 간호사복을 입고 행복하게 웃고 있던 사진 속 그 모습이 아직도 눈에 선해. 그래서 나한테 엄마는 늘 서른다섯 살 같아.

　엄마는 예쁜 꽃 달아 줄 할머니와 할아버지가 없다는 사실 때문에 적적한 오늘이겠지. 그래서 더 옆에 있어 주고 싶은데, 멀리 있어서 미안해. 나는 엄마가 늘 나보다 더 행복했으면 좋겠어. 빨리 얼굴 보고 사랑한다고 말하고 싶다.

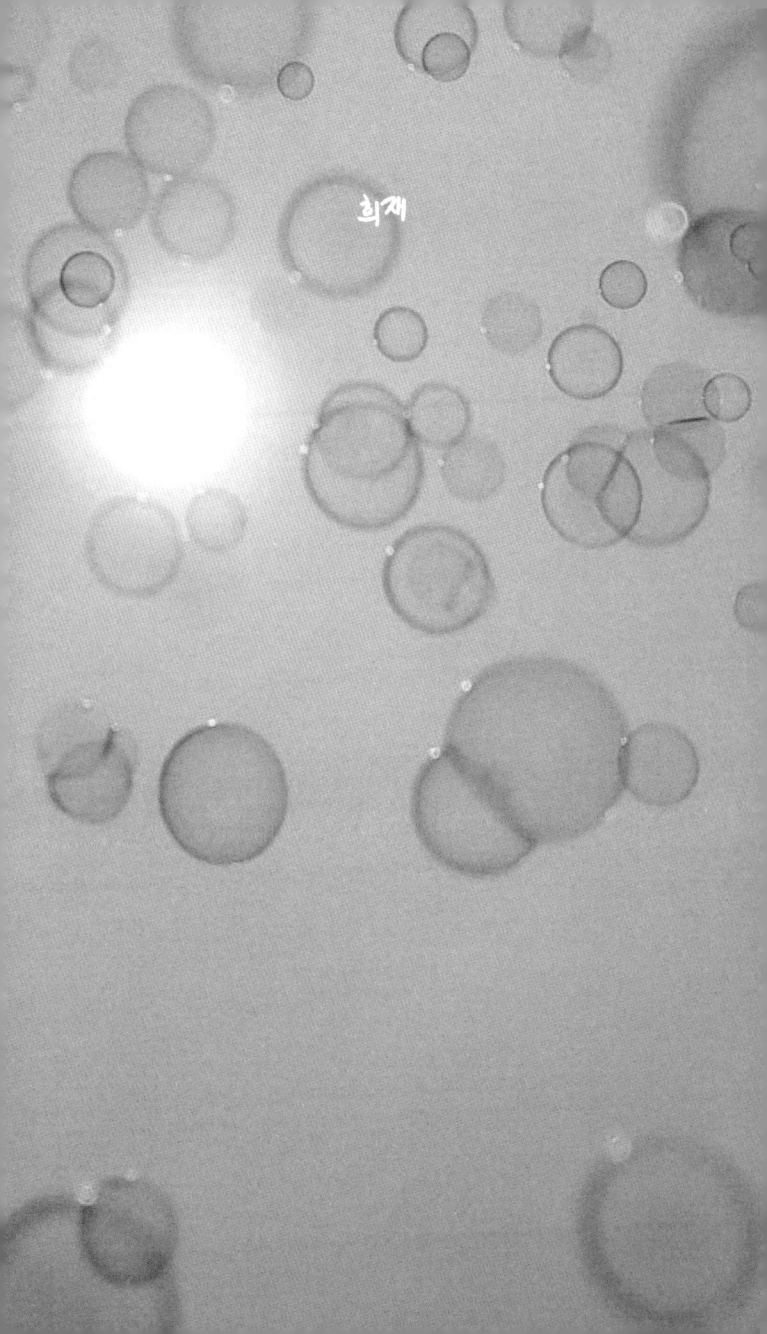

잠이 쏟아졌었나? 언젠가 수화기 너머로 들리는 사랑한다는 말에 내가 건성으로 대답했을 때였다.

"흘려들어도 돼. 내가 매일매일 말해줄 테니까 사랑한다는 말 대충 들어도 괜찮아."

그 순간 어쩐지 내가 영원해야 할 것만 같은 묘한 느낌이 들었다. 어쨌거나 이렇게까지 사랑을 받는 사람이라면 그래도 되지 않을까.

근처에 큰 둑길이 있다. 봄이 되면 벚꽃이 참 멋들어지게 핀다. 길게 뻗은 물길 사이에 검은 콩 같은 돌들이 나란히 박혀 있다. 사람들은 낭만이라고 부르는데 나는 얕은 물 위의 징검다리여도 왠지 모르게 겁이 난다. 아무리 조심히 내디뎌도 빠질 것만 같아서 더 먼 길을 걸을지라도 돌아가게 된다.

난 징검다리가 무서워. 그렇게 눈에만 담고 가자고 했는데 돌 하나만 밟아보자고 내 손을 잡았다. "너는 싫어하는 것도 안 하는 것도 안 먹는 것도 참 많아. 그 이유를 다 존중해. 근데 나도 원래 네가 안 만나려고 했던 사람이잖아. 그러니까 이것도 한 번만 해봐."

"괜찮아, 여기까지만 가보자. 아무것도 아니야"라는 말에 한 걸음. "딱 세 걸음만. 그래 잘했어"라는 말에 두 걸음. 정신을 차려보니 어느새 내가 돌 위에 서 있었다. 이게 이렇게 쉬운 거였나? 집으로 돌아오는 길에 잡은 손을 만지작거리면서 고맙다고 말했다.

너는 내가 무서워하던 것들을 아무렇지 않게 만들어.

정확히 기억은 나지 않는다. 그저 오늘 자주 마주쳐서 생각이 났겠거니 했다.

바빠서 물 한 잔도 마실 여유가 없던 날이었다. 그 사람이 대뜸 계산을 기다리던 밀린 사람들을 제쳐두고 건너편 책상으로 가서 포도 주스를 가져왔을 때였다. 왼손에 들고 뛰어오던 모습을 보며 아주 목마른가 보다, 라고 생각했다.

덤덤한 목소리로 내 손에 포도 주스를 쥐여주었을 때. 아무런 날도 아닌 그저 평범했던 일요일이 서랍 안에 넣어놓고 자꾸만 꺼내보고 싶은 순간이 되는 건 순식간이었다.

바라본다. 그 사람은 말을 천천히 느리게 한다. 좋다. 말하는 동안 그 사람 얼굴을 좀 더 오래 볼 수 있어서 좋다. 말하면서 다음 말을 생각하는 그 눈의 움직임도 좋다. 나는 이제 모든 것이 궁금해졌다.

사랑을 확인하는 방법은 그리 어렵지 않았다. 지나가던 공원에서 바람에 흔들리는 나뭇잎이 예뻐서 한참을 서서 마음에 들 때까지 동영상을 찍었던 날.

이것 봐, 네가 잠든 사이에도 여기는 이렇게 아름다웠어. 설레는 마음을 함께 전송하고는 네 나라의 시간을 계속 확인하며 답장을 기다리던 일상은 간지러웠다. 꿈에라도 닿았으면 좋겠다고 욕심내면서.

배우는 것을 좋아하는 너는 항상 무언가를 읽고 있었다. 네가 제일 좋아하는 문장을 함께 느끼고 싶었고 그 문장들마저도 내 것으로 만들고 싶었다.

침대에 가만히 누워 이어폰 너머로 네가 공부하는 소리를 듣던 시간과 너와 나 사이의 그 고요함이 주던 소소한 행복은 영원히 내 마음속에 남아있다.

문득 든 생각은 나는 더 이상 뒤를 돌아보지 않는다는 것이다. 하나 알게 된 것이 있다면 좋은 사람이란 나를 현재에 머물게 하는 사람이다. 함께 있는 지금이 좋고 우리의 미래가 기대된다. 고마운 사람.

너를 만난 이후로 하루하루 매일 마음에서 튤립이 피어나는 듯해. 너를 믿고 있는 그대로 사랑에 빠져볼게. 내 사랑이 되어줘서 고마워. 닿지 않아도 늘 좋아해.

다정한 눈망울
분위기를 닮고 싶어
더운 공기 사이로 흩어지는 은은한 언어들

초여름 밤의 냄새
너는
나를
얼마나
나는

손 편지 쓰기 모임을 하면서 오랜만에 편지를 썼다. 사랑 고백이 아닌 안부를 묻는 편지를 언제부터 쓰지 않았는지 기억이 나지 않는다.

  첫날 자신이 받았던 손 편지를 자랑하는 시간이 있어서 오랜만에 상자를 꺼냈다. 가지고 있던 온갖 묵은 편지들을 다 버렸더니 상자가 꽤 소박해졌다.

  그래도 아직 버리지 못한 편지가 한가득이었다. 그때의 의미는 아직도 여기에 남아 있는데. 우리의 모든 문장은 진심이었는데. 어쩌다 아무것도 아닌 말들이 되었을까. 나는 어쩌다 이렇게 슴슴한 사람이 되었을까. 남아있는 의미마저 사라질까 봐 뚜껑을 꽉 닫았다.

우리는 그 긴 시간을 홀로 견디고 끝내 만나지도 못하고 헤어졌다. 장거리 연애는 사실 끝나고 나서도 내 일상에서 크게 변하는 것이 없어서 실감이 나지 않는다.

그렇게 가끔 슬프고 거의 덤덤하다가 문득 지금처럼 새벽에 잠에서 깨어났을 때. 떠지지 않는 눈을 억지로 떴을 때. 습관처럼 난 자다가 일어났다고 문자를 보내려다가 중얼거리면서 민망하게 핸드폰을 내려놓을 때.

애써 아무렇지 않은 척하지만 눈 감고 얼른 이 새벽이 끝났으면 하고 다시 잠자리에 들려고 계속 내 스스로를 재촉할 때, 우리가 정말 헤어졌다는 것을 깨닫게 된다. 우리는 분명 만났는데 보이지 않는 시간만 존재할 뿐 남은 게 하나도 없어서 서글프다.

너는 참 마법 같았는데. 내가 원하던 사람 그 모습 그대로 이미 완성되어 있던 사람이었는데. 내가 너와 함께라면 우리 같은 마침표를 찍을 수 있을 거라 생각했는데.

잊어야 한다는 강박을 갖는 순간부터 힘들어진다. 어떤 마음은 서랍 깊숙한 곳에 묻고 살 수밖에 없다는 것을 늦게 알았다. 아무 생각 없이 좋아하는 피자가게에 가려다가 그날의 무거웠던 걸음들이 떠올라서 발길을 돌렸다. 영영 오지 않을 거야. 너도 그럴 거지.

외롭고 조용한 게 싫어서 늘 라디오를 켜 놨었는데 너 만나면서부터 한 번도 안 들었 었어. 오늘 정신 차리고 보니까 내가 팟캐스트에서 있는 대로 다 다운로드하고 있더라. 또 적막이 싫은 거야 나는.

너는 나보다 너를 더 사랑해. 내가 분명 너와의 대화 때문에 기분 상해서 집에 가자고 말했는데도 너는 내 기분이 왜 안 좋은지, 집에 와서도 내가 왜 전화를 했는지 알면서도 모르는 척 평소처럼 일상 대화만 하고 끊었잖아.

내 기분이 안 좋은 것보다 집에 도착해서 잠이 오는 게 먼저고, 사 온 양파 씻는 게 먼저인 거야. 다음 날 오후 6시가 될 때까지도 연락이 없다가 하루가 지나가니까 그제야 아차 싶었던 거지. 이제서야 울리는 네 전화를 보면서 너는 내 감정을 귀하게 여기지 않는다는 확신이 들었어.

너도 나름대로 이유가 있겠지만 이 정도가 너의 연애 방식이고 최선이라면 나랑은 다르다고 생각해. 이건 나라서 그런 게 아니라 누구랑 연애해도 똑같을 거야. 피곤했든 기분이 안 좋아서 까칠했든 그건 상관없어. 그 이후에 했던 행동들이 원인인 거지. 그래서 우리는 여기까지야.

며칠 전부터 이유 모를 기분 때문에 어쩔 줄을 모르겠다. 온통 거슬리는 것투성이고 심지어 어제는 집에 오는 길에 생전 안 먹던 떡볶이도 샀다.

잠시 머물렀다가 가는 인연들에 신물이 난다. 언제나 그 자리에 우두커니 있어 주는 정류장이 필요했다. 늘 사람에 목말라했기에 누구에게나 마음을 활짝 열어서 나를 보여줬다.

사랑은 계절과 같아서 하나의 계절이 가면 또 다른 계절이 오듯이, 하나의 사랑이 가면 또 다른 사랑이 온다는 것을 일찍 알았더라면 내 잘못이 아닌 일로 나를 책망하며 살진 않았을 텐데.

사람들이 관계에 최소한의 책임감이라도 가졌었다면 내 인생이 조금이라도 달라지지 않았을까 생각해 본다. 상대방의 비겁한 이기심 때문에 상처받은 사람들에게 조금이라도 위로가 되지 않을까.

자꾸 꿈을 꾼다. 내가 좋아하는 무채색 옷을 입고 가만히 앉아서 나를 보고 있다. 꿈에서 깰까 봐 그런 너를 얼마나 오래도록 보고만 있었는지 모르겠다. 행복하냐고 물었더니 행복하다고 한다. 그럴 리 없으면서. 없었으면 해서.

어제는 내가 보고 싶어서 찾아왔다고 했다. 죽도록 내가 싫다면서 매번 오래도 머물다 간다. 꿈에서 깨면 현실이 꿈같다. 계속 꿈속이었으면 좋겠다. 매일 같은 꿈을 꾸는데도 꿈속에서 꿈인 걸 인지할 때마다 안도하는 나를 발견한다. 왜 이렇게 마음이 시리지. 언제쯤 나는 그리고 너는.

소란했고 온기 가득했던 말들
이곳에 다 놓아두고 갈게

긴 낮잠 같았던 시간들
고여있는 마음에 여전히 나는 어쩔 줄 모르고 다정한 건 오래 머물러서 순간마다 찰랑이고

겨우 옅어지는 그 여름의 너와 오늘의 나
그대로 아직은 여기에 우리는

너는 남한테 이름으로 불려 본 적이 드물어서 네 이름이 낯설고 싫다고 했었잖아. 그래서 내가 네 이름을 부르는 것도 싫어했었지. 나는 아껴두는 거라고 생각했어. 우리는 계속 함께 일 거니까 나중에 많이 불러줘야겠다고. 말 걸기 전에 나 혼자 마음속으로 몰래 네 이름 불러 본 적도 많아.

너랑 헤어지고 나서 그게 계속 마음에 남았어. 널 위한 내 사소한 배려라고 생각했었는데 그러면 안 됐었나 봐. 네가 싫어해도 그때 더 많이 불러 봐야 했어.

이렇게 될 줄 알았으면 억지라도 부릴걸. 너는 착해서 내가 그렇게 고집부리면 또 미안하다고 그 표정을 지었을 거야. j야, 라고 부르면 싫은 내색 없이 응, 이라고 대답하면서.

다시 너를 만나게 된다면 원 없이 너를 부를 거라 생각했었어. j야, 라고 부르면 네가 나도 사랑해, 라고 대답할 수 있게 말이야.

어떤 마음들

일요일부터 아팠다. 월요일은 어떻게 출근했는지 기억도 안 날 정도로 아팠고 당연히 한 끼도 못 먹었다. 집에 올 때까지는 도착할 생각만 하느라 몰랐다가 씻고 나니까 갑자기 배가 고팠다.

엄마에게 전화로 솜이랑 산책하고 돌아오는 길에 피자빵 좀 사 오면 안 되냐고 물었다. 엄마가 애 데리고 시장에 들러야 해서 빵집 갈 시간이 없다면서, 끓여놓은 김치찌개나 먹고 자라고 했다.

평소 같으면 아무렇지 않았을 텐데 전화 끊고 침대에 눕자마자 서운하고 서러워서 자꾸 눈물이 났다. 내가 세상에서 제일 불행한 사람 같았다. 우리 엄마는 못됐다고, 피자빵도 안 사주는 못된 엄마라고 울면서 잤다.

다음 날 출근할 때 엄마가 잘 다녀오라고 인사하는데도 못 들은 척하고 나왔다. 퇴근하고 집에 와서 또 잠이 들었다. 새벽에 잠깐 일어났더니 솜이 엉덩이가 내 얼굴 옆에 있고, 그 옆에 또 이상한 부스럭 소리가 들려서 손을 뻗어보니 피자빵 두 개가 나란히 머리맡에 놓여 있었다.

엄마가 가져다 둔 피자빵 두 개. 내가 사 먹으면 되는 거였는데. 하나는 동생 먹으라고 주고 하나는 회사에 가져와서 바로 안 먹고 일하는 내내 옆에 두고 봤다. 기록하지 않으면 기억하지 못할까 봐 이렇게 써둔다.

벌써, 역시나, 이른 겨울이 왔다. 니트를 입어도 춥다. 마음도 추워졌다. 적막이 싫어서 노래를 틀려고 하는데 도통 무슨 노래를 들어야 할지 모르겠다.

메이비의 트위터 중 마음에 드는 구절을 다이어리에 옮겨 적으면서 웃음이 났다. 그렇게 싫어하던 사람의 글을 받아 적고 있다니. 사는 게 참 재미있다.

나는 물 외에 다른 음료를 선호하지 않아서 카페에 가면 늘 차를 주문하는 편이다. 동인천의 한 카페에서 주문표를 보니 커피와 에이드만 있었고 차는 메뉴에 없었다. 다행히 친절한 사장님 덕분에 얼그레이 티를 부탁할 수 있었고, 친구는 귀여운 딸기 생크림 파이와 따뜻한 물을 주문했다.

당연히 있을 줄 알았던 것이 없을 수도 있다는 걸 깨달았다. 맞아, 세상에는 당연한 게 없지!

수족냉증이 있어서 겨울엔 장갑을 꼭 가지고 다니는 데 쓰던 장갑이 어디로 사라졌는지 아무리 찾아도 보이질 않았다. 평소 같았으면 온 집을 뒤져서라도 끝까지 찾았을 텐데 이상하게도 별 미련이 없었다. 오히려 후련했다.

　올해는 사라진 물건은 사라진 대로 보내보려고 한다. 사람도 나를 떠나면 떠나는 대로 보내 보고. 올해는 아무 일 없는 나날들만 가득하길 바란다. 하루하루가 같아서 나중에 떠올려보면 잘 기억나지 않는 나날들만.

오늘 길고양이에 관한 영화를 봤다. 어제 친구들과 로또 1등에 당첨되면 무엇을 할 건지에 대해 얘기했었는데, 영화를 보는 내내 집이 없는 동물들을 위해 쓰는 사람이 되어야겠다고 생각했다.

　이제는 기온이 뚝 떨어지거나 비가 많이 오는 날엔 바깥에서 축축하게 자야 할 강아지와 고양이 걱정에 자꾸만 창밖을 보게 된다. 혹시나 주인 잃은 강아지가 있지는 않을까 싶어서 당근마켓 앱을 열게 되고, 산책 중에 우연히 발견한 아이들에게는 가방 속에서 꺼낸 햇반 그릇에 물을 담아주기도 한다. 배고파서 냄새나는 쓰레기봉투 주변을 기웃거리는 아이들을 볼 때마다 방금 배를 채우고 나온 내 모습이 자꾸만 미안하고 부끄러워진다. 이런 감정을 알게 된 이후로는 조금이라도 그 미안함을 덜어내려고 나름대로 작은 노력을 하면서 살고 있다.

　영화에서 국가는 동물을 어떻게 보호하는가에 따라서 평가를 받는다고 했다. 세상의 모든 동물이 안전하고 행복했으면 좋겠다.

오늘은 나만의 시간을 가져보려고 운동을 끝내고 좋아하는 술집에 왔다. 소주 한 병이랑 안주를 시키고 오랜만에 책을 읽으려고 펼쳤는데 갑자기 귀이개가 뭐야? 한참을 못 찾았는데 너 여기 있었구나.

뜨개질을 좋아하는 친구와 김치찌개를 먹었다. 뜨거워서 호호 불면서 먹다가 흐른 콧물을 닦던 순간 눈이 마주쳤다. 나는 콧물을 닦을 때 꽤나 집중하는 편이라 그 세심한 작업을 고스란히 보여줬다고 생각하니 괜히 머쓱해서 밥 먹을 때마다 콧물이 나는 이유를 모르겠다고 말했다.

모르는 게 없는 친구는 밥 먹을 때 콧물이 나는 증상을 미각성 비염이라고 부른다고 했다. 증상 이름이 있는 것도 웃기고 덤덤한 친구의 말투도 웃겼다.

"책 소개란에 '미각성 비염 보유 중'이라고 쓸까 봐요."
"이력서에도 써요. 있어 보여요."

한바탕 웃어대고 서로의 앞에 수북이 쌓인 휴지 더미를 보면서 싹싹 긁어 먹었다.

6주간의 '우울로부터'라는 마음 들여다보기 모임이 끝났다.

사실 오늘은 내 마음을 들여다볼 여유가 없어서 안 나오려고 했는데 그랬으면 오래도록 후회할 뻔했다. 마지막인 것도 모르고 갔다가 들은 터라 슬펐다. 평일에 마음이 힘들어도 토요일이 있으니까 괜찮다는 생각으로 버티곤 했었는데 막상 끝난다고 생각하니 오래 알고 지내던 사람들과 이별하는 기분이었다.

우리는 서로 모르는 사람들이라서 모든 마음을 털어놓을 수 있었다. 그래서 우리는 딱 여기까지다. 위로했고, 위로받았으니까 이 힘으로 각자 잘 살기로 약속했다. 그래도 헤어짐은 늘 아프고 싫다.

7년 전에 산 노란색 니트를 드디어 버렸다. 기분이 선명했던 날에만 꺼내 입었던 기억이 난다. 늘 시야에 들어오는 곳에 두었지만, 많은 의미를 둬서 그런지 자주 손이 가지 않았다. 그러다 이번에 큰마음 먹고 안녕했다. 생각보다 후련했다.

물건과 헤어질 때도 사람과 헤어질 때처럼 마음 정리할 시간이 필요했던 걸까.

행복에 대한 이유를 오래도록 찾아다녔다. 실은 이유가 없어도 되는데 그걸 깨달았을 때는 이미 지친 상태였다. 항상 타인의 시선과 말에서 행복을 찾으려고 노력했기 때문에 내가 우연히 발견한 네잎클로버 정도로는 만족하기 어려웠다.

　아빠는 내가 아프다고 했다. 사람들은 아프면 아프다고, 실패했으면 실패했다고 말하는 걸 부끄러워한다고. 내가 그런다고. 숨기기 바빠서 감추려고 애쓰다 보면 내가 만든 나만의 울타리에 계속 갇혀 있다고. 그럼 나는 계속 그곳에 머물러 있는 거라고. 한 번만 깨고 나오면 언제든지 열몇 살 때로 돌아갈 수 있는데. 다시 시작할 수 있는데. 그걸 인정하지 않으면 나만의 공간은 계속 작아질 거라고.

좋아하던 빵집이 사라진다는데 왜 눈물이 나는 걸까. 모든 게 다 사라지는 기분이다. 왜 내가 사랑하는 것들은 내 곁을 떠나고 마는 걸까. 더 이상 지나간 시간에 미련을 두지 않으려고 노력하는데도 마음대로 되지 않는다.

하염없이 흐르는 시간을 붙잡아 두고 싶다. 날씨가 따뜻해지니까 마음이 좀 다급해진다. 내가 지향하는 모습이 아니어도 나는 충분히 행복한 현재를 살고 있는데 그 중심을 잡기가 참 힘들다. 요즘 자꾸만 마음에 깊은 바다가 생긴다. 얼른 이런 감정들이 해소되었으면 좋겠다.

마음에 자꾸 쓸데없는 불안과 의심이 찾아온다. 괜히 심술도 나고. 겨우 일상을 찾아가고 있다. 가까스로 찾은 지금의 균형을 위해서는 아무 일도 만들지 않는 것이 최선이다. 나를 불안하게 만드는 것들이 싫다. 평온해지고 싶다.

복숭아가 맛있어서 많이 샀다. 비가 무섭게 오다가 갑자기 맑아지고 햇빛이 따갑게 내리는데도 하고 싶은 말이 많아서 내내 앉아 있었다. 구름이 걷힌 자리에 해가 내린 걸 한참을 봤다. 작고 예쁜 상자에 편지, 사진, 열쇠고리 모두 담아서 두고 왔다.

  어른이 된다는 건 이해할 수 있는 슬픔이 많아지는 거라던데 몰랐던 걸 알게 되는 게 꼭 좋기만 한 건 아닌 것 같다. 쉽게 위로했던 것들에 점점 말을 아끼게 된다. 예를 들면 겪어보지 못한 일에 경솔한 위로하지 않기. 시간이 약이라는 말이 얼마나 무례한 말인지 뼈저리게 알게 됐기 때문이다.

  돌아오는 길엔 버스 창문이 부서질 정도로 비가 내렸다. 안녕, 잘 지내. 계절이 바뀔 때 다시 만나자.

  드넓은 바다에 모든 기억을 뿌리고 뒤도 돌아보지 않고 도망쳐오던 길이었다.

고통을 설명하는 게 아니라 설득해야 하는 사람은 이제 괜찮다. 모르면서, 모르니까, 모를 거라서 애초에 털어놓을 필요가 없었다. 애쓸 일도 아닌데 굳이 내 아픔의 이유까지 설득하면서 살고 싶지 않다.

이제 더는 나랑 상관없다.

"네 밝은 모습을 보고 싶어. 너 자신을 사랑하지 않고는 남을 사랑할 수 없단다. 세월은 흘러가는 것 같아. 사랑해."

엄마에게서 받은 문자. 힘들 때 내가 제일 먼저 하는 건 나를 놓아 버리기다. 아무것도 마음대로 되는 게 없을 때, 그러고자 하는 내 마음만 있으면 쉽게 할 수 있는 거라서.

나는 항상 사랑에 목말라했다. 그저 온전한 사랑을 받고 싶었다. 그래서 누구를 만날 때면 내 비밀들을 허겁지겁 다 털어놨다. 그럼에도 나를 좋아해 달라고. 그렇게 상대방에게 모든 의미를 부여하고 나는 더 이상 혼자서는 잘 지낼 수 없는 사람이 되어버렸다.

누구를 알아가는 게 무슨 의미가 있을까. 사람을 잃는 것에도 내성이 생기는 듯하다. 내 옆자리를 내어주고 나만의 비밀을 말하고 관계에 대한 영원을 약속하지만, 한 번의 갈등으로 영영 볼 수 없는 사이가 될 수도 있다는 게 이제 지겹다. 이 글은 사랑에 대한 글이 아니다.

네 마음 이해해. 아마 네 마음이 그렇게 괴로운 이유가 있을 거야. 대인관계로 인한 거든 뭐든. 맛있는 거 먹고 돈 쓴다고 해서 네 우울함이 해결되는 건 아니야. 근데 우울함이 심할 때는 일부러 내가 기분 좋을 만한 걸 많이 만드는 게 중요해.

　그런 순간들이 있어. 가라앉은 마음이 찾아올 때 헤어 나오지 못하게 될까 봐 애써 들여다보지 않으려고 하는 그런 순간들.

　지금 돈 조금 쓰고, 네가 가고 싶은 곳 가고, 먹고 싶은 맛있는 거 먹고 햇볕 쬐고…. 네가 좋아하는 노래 들으면서 감정이 가라앉으면 노트에다가 네가 힘든 이유 같은 거 쭉 써봐. 그렇게 힘든 원인이 있을 거고 그건 분명히 해결할 수 있는 문제일 거야. 남 일 같지 않아서 말해봤어.

온전하지 못하고 이리저리 치이는 나를 안아 줄 필요가 있다. 이 모습마저도 나라는 걸 내가 받아들이고 인정해야 해. 나는 내가 행복하길 바라지만 늘 행복하지 않아도 괜찮다.

괜찮아져야 하는 시기 같은 건 대체 누가 정해 놓은 걸까. 가끔 웃고 조잘조잘 떠들고 다녔더니 주변 사람들이 하나둘씩 나에게 이제 벗어날 때가 되지 않았냐고 말하기 시작한다.

가을에는 매일 기분이 눅눅했다. 요즘은 잠깐만 슬프고 가끔 죽고 싶다. 그래, 그 당시를 떠올려보면 나는 분명 나아진 게 맞다. 순간 방심하면 밤에 깨어있고 며칠에 한 번쯤 운다.

오랜만에 연락한 민선에게 엄마와 있었던 일을 얘기했더니 "언니가 속상한 것도 이해되는데 어머니 말씀이 틀린 것도 아니에요"라고 했다.

평소 같으면 아무렇지 않게 넘어갔을 텐데 순간 화가 나서 나도 안다고, 내가 지금 너한테 그거 판단해달라고 전화했겠냐고 짜증을 냈다.

전화를 끊자마자 괜히 말한 건가 싶어서 후회도 했다. 이렇게 점점 표정도 말도 잃어가고 있다. 아침에 일어나서 머리 감는 것만으로도 큰 용기가 필요하다는데, 내가 그렇다는데 왜 자꾸 이게 아무것도 아니래?

새벽에 몸을 뒤척이다 눈을 떴는데 솜이가 나를 보고 있었다. 그 순간 주책맞게 눈물이 났다. 사랑이란 슬픔을 키운다는 것과 같다는 것을 동물을 기를 때 뼈저리게 느끼게 된다는 글귀를 본 적이 있다.

　솜이는 태어난 지 두 달 만에 두 가정에서 버림받았다. 나무와 보리를 떠나보내고 다시는 강아지를 키우지 않겠다고 했던 엄마는 보호소로 가야 했던 솜이를 데려오자고 했다. 우리는 매일 사랑을 확인시켜 주고 있다. 절대로 떠나지 않는다고.

　솜이야, 다른 거 아무것도 바라는 거 없어. 그저 네가 우리 사랑 아래에서 밤에는 푹 자고, 낮에는 살랑살랑 부는 바람과 눈부신 햇살 아래에서 신나게 뛰어노는 거 그거면 됐어. 너를 보고 있으면 내 행복까지 다 손에 쥐여 주고 싶어. 너를 사랑하는 만큼 나도 행복해지고 싶고.

여기가 세상에서 핫도그를 제일 잘 만드는 곳이니 꼭 먹으라고 알려줬다고 했더니 사장님이 어묵 하나를 공짜로 주셨다.

맛있어서 그다음 날에도 갔다. 나를 기억하시고 또 와줘서 고맙다고 집에 가서 먹으라고 핫도그 두 개를 포장해 주셨다. 이런 거 바라고 온 거 아니라고, 이러시면 죄송해서 또 못 온다고 했더니 고마우면 또 와줄 사람 같아서 주는 거라고 하시면서 어묵 국물도 퍼 주셨다.

내 마음도 뜨거운 국물처럼 따뜻해졌다.

난 오늘 친구들이랑 비눗방울 놀이를 하러 어린이대공원에 다녀왔어. 처음에는 어린이들만 찾아다녔어. 우리가 뿌려주면 아이들이 까르르 웃으면서 달려오는 걸 상상했는데 다 시큰둥한 표정으로 지나가더라.

 몇 번의 무심한 시선을 마주하고 서운한 마음에 결국 고양이를 찾아다니기로 했어. 공원 근처에 사는 친구가 고양이가 나타나는 곳들로 우리를 데려갔어. 검은 고양이가 새초롬하게 앉아 있어서 나름의 인사를 건네고 오색찬란한 방울을 보여줬는데 화가 났는지 귀를 쫑긋 세우더라.

 다른 사람들을 기쁘게 해주는 게 아니라 우리를 위해서 놀아보기로 마음먹고 돌아다녔어. 재밌더라. 참 신기한 게 이렇게 마음을 비우니까 주변에 사람들이 하나둘씩 모이는 거야.

신기하지. 그동안 비눗방울은 어린이들만의 놀이라고 생각했었는데 아니었어. 이렇게도 시간을 되돌릴 수도 있구나 싶더라고.

집으로 돌아오는 길에 고마운 마음에 눈물이 고였어. 오늘 하루를 선물 받았으니까 적어도 이번 주는 살아야겠다고 생각했어. 사람은 이렇게 사소한 이유만으로도 살아지나 봐.

우연에 기대어 하루를 보내보자는 뜻에서 '12345678910 나들이' 소모임을 만들게 되었다.

1번째로 보이는 버스 정류장에서
2번째로 오는 버스로 환승하기!
3번째 정류장에 내려서
4번째로 보이는 식당에 들어가서
5번째 적혀있는 메뉴 먹기!
식당 왼쪽으로 6번째에 있는 골목길에서
7번째로 보이는 가게 구경하기!
주변 인생네컷에서 8컷짜리 찍기!
근처 서점에 가서 베스트셀러 9위 책
10쪽에 나와 있는 마음에 드는 문장 찾기!

예상치 못한 버스를 타고 모르는 정류장에 내렸더니 생전 처음 오는 곳에 우리가 서 있었다. 계획대로라면 산을 타게 될 것 같아서 오른쪽의 내리막길로 내려갔더니 첫 번째 가게가 나타났다.

가게의 문에 붙어있는 티베트 속담이 아직도 마음에 남아있다.

'걱정을 해서 걱정이 없어지면 걱정이 없겠네…'

인생네컷에서 8컷짜리 사진 찍어야 하는데 안국역 인생네컷이 망해버렸다. 결국 마음에 드는 문장을 찾기 위해 광화문 교보문고로 갔다.

'그래 분명 그런 순서였다.'
'그리고 미소를 지은 것이다.'
'집중력이 흐트러지면 엄마의 손을 뜨게 되니까.'
'미끄러져 떨어지는 날엔 뼈도 못 추린다.'

낯선 사람들과 함께 발길이 닿는 대로 걸었던 시간은 내 안에 고스란히 남아있다. 필름 카메라 셔터를 누를 때마다 지금, 이 순간에도 시간은 흐르고 1초 전으로 돌아갈 수 없다는 것을 스쳐 가는 시간이 얼마나 소중한지 알게 됐다. 이 힘으로 남은 겨울을 단단하게 버틸 수 있을 거야.

스스로가 소중한 이유에 대해서 생각해 보자는 뜻에서 '우리는 소중해'라는 소모임을 만들었다. 눈을 감고 고요한 공기 속에서 각자 생각하는 시간을 갖고 생각을 나누었다. 근사한 말은 필요하지 않았다.

 귀찮음을 이겨내고 집 밖으로 나와서 소중해. 지금 우리가 모인 각각의 이유는 조금씩 달라도 여기 존재하기에 소중해. 오늘의 기억을 가질 수 있어서 소중해. 고양이가 나를 사랑해 줘서 소중해.

 여러 개의 마음을 가지고 와서 우리는 소중하다는 하나의 마음을 가지고 돌아가는 길. 매일 조금이라도 일기를 쓰면 내 마음의 흐름을 읽을 수 있듯이, 잠깐이라도 내가 소중한 이유에 대해서 생각한다면 어느새 나는 이유가 없어도 나 자신 그 자체로 소중한 사람이 되겠지.

다정한 건 오래 머무르고

초판 1쇄 발행   2022년 3월 11일
2판 1쇄 발행   2023년 6월 4일
2판 2쇄 발행   2023년 6월 19일
2판 3쇄 발행   2023년 9월 22일
2판 4쇄 발행   2024년 3월 8일
2판 5쇄 발행   2024년 8월 15일
2판 6쇄 발행   2025년 4월 16일

글	소운
편집	소운
그림	@lucylab.kr
ISBN	979-11-982716-0-0
전자우편	esowun@daum.net
instagram	@esowun

ⓒ 소운, 2022
이 책은 저작권법에 의하여 한국 내에서 보호를 받는 저작물이므로 무단 전재와 복제를 금합니다. 이 책 내용의 전부 또는 일부를 이용하려면 저작권자와 펴낸곳의 동의를 얻어야 합니다.

안녕하세요, 마음이 고달플 때 모았던 서툰 문장들입니다. 오래도록 기억하고자 다정함을 모으고 모아서 책을 냈는데도 여전히 가끔 슬퍼요. 이 책을 발견해 주셔서 고맙습니다. 책에서 발견한 다정함으로 조금 더 따뜻한 하루가 되길 바랍니다. 읽어 주신 마음 잊지 않을게요.

다정한 건 오래 머무르고